Auf der roten Kreide Englands

Thomas Wiltshire

Writat

Diese Ausgabe erschien im Jahr 2023

ISBN: 9789359251738

Herausgegeben von
Writat
E-Mail: info@writat.com

ÜBER DIE ROTE KREIDE VON ENGLAND
Ein am 4. April gelesener Vortrag von Rev. THOMAS WILTSHIRE , MA, FGS, etc., Präsident.

Als Art oder Vertreter der Kreide wird im Allgemeinen das Material angesehen, das die Mechaniker zum Zeichnen grober Linien und Figuren verwenden. Es handelt sich um eine Substanz von strahlend weißer Farbe , die sich etwas nachgiebig anfühlt und sehr leicht abgerieben oder abgerieben werden kann.

Doch der Geologe interpretiert den Begriff viel weiter und beschränkt ihn nicht auf diese wenigen Merkmale; und dementsprechend umfasst er unter demselben Titel viele Schichten, die von Uneingeweihten kaum so zusammengefasst werden würden.

Zum Beispiel gibt es an der Basis des oberen Teils des Kreidesystems ein bestimmtes hartes, oft kieseliges und stark gefärbtes Band, das trotz seiner großen Abweichung vom populären Typ in der geologischen Sprache dennoch als „Rote Kreide" bezeichnet wird. " Diese Schicht, die Gegenstand der vorliegenden Arbeit ist, bildet nirgends eine Masse von großer Dicke oder Ausdehnung; Vielleicht kommt man zur Wahrheit, wenn man dreißig Fuß als maximale Dicke, vier Fuß als minimale Dicke und hundert Meilen als maximale Länge annimmt. Man kann es auch als eigentümlich für England bezeichnen, denn die *Scaglia* oder rote Kreide der Italiener hat mit der unseres Landes wenig gemein. Die beiden unterscheiden sich stark im Aussehen, in der Lage und in den Fossilien.

Den ersten Blick auf das Flöz im Norden erhält man etwa sechs Meilen nordwestlich von Flamborough Head in Yorkshire, in der Nähe des Dorfes Speeton , wo seine Struktur, sein Gefälle und sein allgemeines Erscheinungsbild bemerkenswert gut untersucht werden können.

Speeton ist ein kleines Dorf, ein Ort, der in der Geschäftswelt keine große Bedeutung hat, aber unter Geologieliebhabern dennoch großen Ruhm genießt, da es in seiner Nachbarschaft mehrere interessante Formationen gibt, von denen eine – der Speeton -Ton – eine Besonderheit darstellt ein Name.

In der heutigen Zeit des schnellen Reisens verfügt das Dorf über den großen Komfort eines Bahnhofs, von dem aus man die darunter liegenden Klippen ohne die geringste Schwierigkeit erreichen kann.

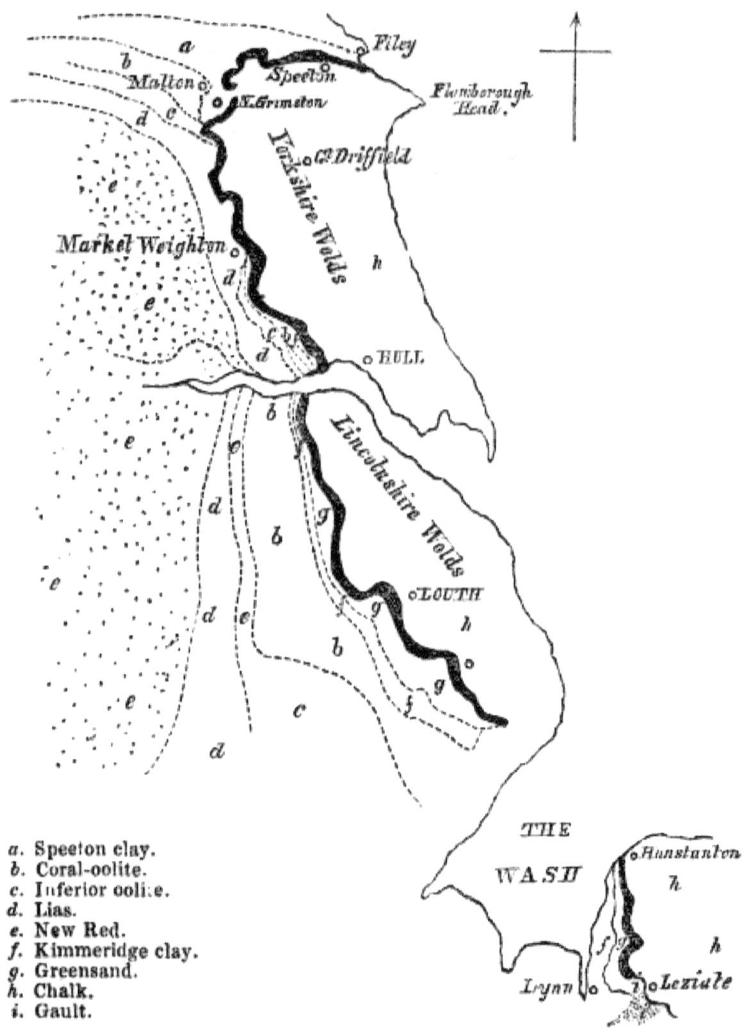

Linie . 1. – Karte eines Teils von Yorkshire, Lincolnshire und Norfolk, die den Aufschluss und das Verbreitungsgebiet der Roten Kreide zeigt.

Da ich die Mitglieder der Vereinigung *vor Ort zur Roten Kreide führen möchte* , nehmen wir an, dass wir, ausgehend von einem Ort in der Nähe der Hull and Scarborough Railway, Fahrkarten für den Bahnhof Speeton genommen haben und zu gegebener Zeit am letzteren angekommen sind Ort. Wenn wir aus dem Zug aussteigen, müssen wir unsere Schritte zu den Häusern vor uns richten und uns dann nach dem Weg zum Meeresufer erkundigen, über dem wir in einer beträchtlichen Höhe – sagen wir vierhundert Fuß – stehen werden. Man fordert uns auf, an der Kirche vorbeizugehen, nach rechts in eine kleine Gasse abzubiegen und dann nach einem unbekannten Pfad zu suchen, der über die Felder führt. Bald darauf werden wir, da wir uns auf einer Anhöhe befinden, im Licht der Natur in der Lage sein, einen Weg hinunter in den darunter liegenden Sand zu finden.

Lassen Sie uns beim Abstieg einen Blick auf die Szene werfen, die vor uns liegt. Es ist großartig und wird durch den zerklüfteten Boden, die Einsamkeit und das Rauschen der Wellen malerisch. Direkt vor Ihnen liegt die offene Bucht von Filey ; auf der linken Seite die Stadt Filey und ihre Brig; kein Schiff, wie man sich vorstellen könnte, sondern eine riesige Felsmasse aus korallenförmigem Oolith, die im rechten Winkel vom Ufer ins Meer ragt, wie ein von Menschenhand geformter Pier, und auf der Landseite von seltsam geschnittenen Zinnen gekrönt ist aus rosa und rauem Drift. Auf der rechten Seite befinden sich die hohen und senkrechten weißen Kreidefelsen der Flamborough- Bergkette. Beim Hinabgehen stoßen wir auf eine Schlucht oder ein Bett eines kleinen Baches, der aller Wahrscheinlichkeit nach recht trocken ist, und folgen dessen gewundenem Lauf, um das Ufer zu erreichen. Diese Schlucht verläuft über eine Böschung aus Diluvialmaterial (der ganze Ort ist durch die Wirkung kleiner Erdrutsche in Verwirrung geraten) und durchquert die rote Kreide selbst, deren erste Spur durch gerollte Fragmente sichtbar gemacht wird, die die Kraft von Der Strom hat sich zu unterschiedlichen Zeiten abgelöst.

Nur hier und da werden wir die Rote Kreide *in situ finden* , weil manchmal Vegetation, manchmal Diluvium, manchmal gefallene Massen ihre tatsächliche Position völlig verbergen. Allerdings wird es an den Füßen viele abgerundete Stücke geben. Einige davon sollten besser vor Ort untersucht werden, damit wir bei einem erneuten Treffen einen klaren Eindruck vom Aussehen des Bettes gewinnen können. Diese Stücke fühlen sich hart und rau an und haben einen leuchtend roten Farbton, obwohl sie gelegentlich mit weißen Streifen versehen sind. Höchstwahrscheinlich werden auf einigen ihrer Seiten ein oder zwei Fossilien hervorlugen; Ein Hammerschlag verrät noch mehr. Die gerollten Fragmente sind so reichlich vorhanden, dass ein paar Stunden Arbeit das Gewissen befriedigen und die Taschen des Reisenden füllen .

Wenn es mir erlaubt wäre, einem Mitglied unserer Vereinigung, das den Ort später besuchen sollte, einen Rat zu geben, dann wäre es dieser: Es wäre besser für ihn, mittelgroße Felsbrocken im Ganzen wegzutragen, anstatt sie an Ort und Stelle zu zerbrechen. Die Fossilien werden am besten in Ruhe erschlossen. Das Material ist so hart und die Fossilien so spröde (insbesondere die Belemniten und Serpulen), dass durch die schnelle und grobe Bearbeitung des Hammers nur unvollständige Exemplare entstehen.

Der „Fund" wird keine sehr große Vielfalt hervorbringen, sondern nur Zahlen; Es werden nur Terebratulae , Serpulae und Belemniten erhalten.

Nachdem wir nun Exemplare besorgt hatten, sollten wir besser am Ufer entlang nach Süden gehen; nach kurzer Zeit wird man einen schönen senkrechten Schnitt dieser besonderen Schicht sehen; wir werden bemerken, dass es auf der einen Seite durch die weiße Kreide begrenzt ist, zu der es parallel verläuft; andererseits durch den Speeton- Ton, der ihm nicht entspricht, also nicht parallel ist.

Die Dicke des Rotkreidebetts beträgt an dieser Stelle, wie ich gerade sagte, etwa zehn Meter. Wenn wir ihn zunächst in absteigender Reihenfolge betrachten , d Der obere Teil dieser Abteilung ist stark mit gräulichen Knötchen gefüllt, was zeigt, dass der Übergang von der weißen Kreide zur roten Kreide allmählich erfolgt. Als nächstes kommt ein etwa sieben Fuß dickes Bett aus dunkelweißer Kreide; und schließlich ein weiteres, etwa zwölf Fuß dickes Bett aus leuchtend roter Kreide, das Belemniten und Terebratulae enthielt . Dem Ganzen folgt der Speeton- Ton, über den in Nr. 13 der Zeitschrift THE GEOLOGIST EIN KURZER UND GENAUER BERICHT ZU FINDEN IST . Die Trennlinie zwischen diesen beiden ist durch Wasserläufe gut markiert, die dadurch entstehen, dass das Durchsickern durch die Kreide durch den undurchlässigen Ton aufgehalten wird.

Der Speeton- Ton ist in einigen seiner Eigenschaften einzigartig. In seinem oberen Teil, in Kontakt mit der Roten Kreide, enthält er Fossilien aus der Neocom- oder Greensand-Ära, während sich im unteren Teil Vertreter des Kimmeridge-Tons befinden. Und so scheint es sich um eine jener eigentümlichen Formationen zu handeln, die dadurch entstanden sind, dass eine Reihe von Schichten dünner wurden und ineinander übergingen. Drei der gut markierten Fossilien des Speeton- Tons können angeführt werden: *Belemnites jaculum* ; ein kleines Krebstier, *Astacus Ornatus* ; und ein großer Hamite , genannt *Hamites Beanii* .

Südlich der Red Chalk bei Speeton und angrenzend daran befindet sich, wie ich kürzlich erwähnt habe, die White Chalk. Die Fossilien in diesem Teil sind nicht zahlreich; Es werden ein Inoceramus , eine Terebratula und selten ein Ammonit gefunden. Aber die weiße Kreide weiter oben, das heißt weiter südlich, unterhalb von Flamborough Head, in der Nähe von Bridlington Quay, ist sehr fossilhaltig und enthält Korallen, Echini, ein Bett aus Marsupiten sowie diese sehr bemerkenswerte und umfangreiche Sammlung mariner Formen, die verkieselten Schwämme, von denen Tausende bei Niedrigwasser zu sehen sind, verstreut auf und ab und eingebettet in Narben oder Felsen. Diese Kreide hat jedoch ihre Nachteile, da sie sehr hart ist – so hart, dass sie unter den Hammerschlägen klingelt – und daher nicht ohne großen Aufwand an Exemplare dieser Kreide herankommen kann. Bei den

Schwämmen muss ich eine Ausnahme machen. Sie bestehen aus Feuerstein; daher wird langes Einweichen in sehr verdünnter Salzsäure mehr und bessere Arbeit leisten, nachdem die Fossilien nach Hause gebracht wurden, als fünfzig Meißel. Die kalkhaltige Substanz löst sich langsam auf, und dann kommen Formen zum Vorschein, die ebenso zart und lieblich sind wie alle, die man beim modernen Schwammstamm beobachten kann. Die meisten der häufigsten Arten der Flamborough- Schwämme finden sich abgebildet und benannt in Professor Phillips' Geology of Yorkshire; die seltenere im Magazine of Natural History für 1839.

Kehren wir nun zum Dorf Speeton zurück und versuchen wir , dem gewundenen Lauf des Red Chalk bis zu seinem sichtbaren Ende zu folgen, einige hundert Meilen südöstlich, in der Grafschaft Norfolk.

Aus der <u>Karte </u>(Seite 2), auf der das Bett gelegt ist, geht hervor, dass die Rote Kreide auf ihrer gesamten Länge an die Weiße Kreide angrenzt; dass er zunächst für etwa zwanzig Meilen eine westliche Richtung einschlägt und dann plötzlich in einem scharfen Winkel abbiegt und für den Rest seines Kurses südöstlich verläuft.

vor Ort sehen müssten . Keine solche Sache; Der obere Boden, die Vegetation oder die Arbeit des Menschen können durchaus alle Spuren verbergen. Nur an natürlichen Abschnitten wie den eben erwähnten Klippen oder durch andere Mittel wie Brunnen usw. können wir uns eine wahre Vorstellung vom Boden unter uns machen. Wer zum Beispiel in der City of London lebt, könnte sich vorstellen, dass er über Kiesbetten wohnte, die so hell und gelb waren wie alle anderen, die sie bedecken, es sei denn, er hätte es selbst gesehen, als Abwasserkanäle geöffnet oder Fundamente geschnitten wurden die Wege eines Blumengartens?

Wenn also die Beschaffenheit der Bodenoberfläche so ist, dass das Auge keine Spuren einer bestimmten Formation erkennen kann, nach der wir suchen, müssen wir nach anderen Zeugnissen suchen und uns fragen, was andere Menschen gesehen haben und was sie aufgezeichnet wurden und in deren Obhut sie die Aufbewahrung dieser Tatsachen legten.

Im vorliegenden Fall kann ich auf zwei hervorragende Werke verweisen, die uns weiterhelfen : Professor Phillips' Geology of Yorkshire und Young and Bird's Survey of the Yorkshire Coast.

Wenden wir uns Letzterem zu. Die Autoren schreiben, dass im Jahr 1819 ein Mr. George Rivis aus Sherburn in einem tiefen Tal etwa anderthalb Meilen südlich von Staxton nach Kohle suchte ; Die Bohrung wurde über eine beträchtliche Tiefe fortgesetzt. Zuerst durchquerten sie die White Chalk, dann stießen sie auf das Red- Flöz und schließlich erreichten sie in einer Tiefe von 288 Fuß ab der Mündung des Bohrlochs den Speeton -Ton. So existiert in der Nähe von Staxton , ein paar Meilen westlich von Speeton , die Red Chalk; Da ist es, auch wenn es vielleicht nicht sichtbar ist.

vor Ort wiedersehen ; denn Young und Bird erzählen uns, dass es zu ihrer Zeit in einer Tongrube in der Nähe dieses Dorfes zu sehen war. In North Grimston , fügen sie hinzu, scheint die farbige Kreide zu fehlen, denn an einer reichlichen Quelle, die am Hang, etwa eine Meile oberhalb des Dorfes, entspringt, sieht man die weiße Kreide unmittelbar über dem blauen Lehm liegen.

Diese Aussage ist nicht zu verwundern. Schauen Sie sich die Karte an (Seite 2). Unweit von North Grimston muss es offensichtlich eine große Diskordanz der Schichten geben. Beachten Sie, dass einige der Formationen nicht parallel zueinander verlaufen, sondern tatsächlich im rechten Winkel stehen. Zum Beispiel haben wir den Speeton -Ton, die Oolithe und den Lias , fast senkrecht in Richtung der White Chalk, etwas westlich von Great Driffield. Ein solcher Sachverhalt muss auf große Unruhen zurückzuführen sein, und es wäre nichts Seltsames, wenn ein Teil der Serie verschoben würde oder gänzlich fehlen würde.

Einige Meilen südlich, in der Nähe der Stadt Pocklington, liegen die Schichten wieder parallel zueinander, und dementsprechend befindet sich die Red Chalk wie zuvor am Fuße der Wolds. Professor Phillips nennt in seiner Arbeit über die Geologie von Yorkshire einige Rötelfossilien aus Goodmanham in der Nähe von Market Weighton und weist darauf hin, dass sie auch in Brantingham unweit des Flusses Humber, der Grenze der Grafschaft, vorkommen.

Somit wurde die Rotkreide durch Yorkshire verfolgt; Grob gesagt könnte man sagen, dass es am Fuße der Wolds größtenteils einen hügeligen Verlauf nimmt; dass es in der Nähe des Dorfes Speeton mit einer sehr sanften Neigung aus dem Meer aufsteigt ; dass es fast genau nach Westen verläuft, bis es sich der Umgebung von Malton nähert, dass es dann plötzlich seine Richtung ändert und nach Südosten vordringt, bis es sechs oder sieben Meilen westlich von Hull unter das Sumpfland sinkt, nachdem es eine Entfernung von 100 km eingenommen hat etwa fünfzig Meilen.

Wir überqueren nun den Fluss Humber und finden die Red Chalk wieder in Ufernähe an einem Ort namens Ferraby , westlich von Barton in Lincolnshire.

Das Museum der Geological Society of London besitzt Exemplare aus diesem Teil, und in einer beigefügten Notiz findet sich die Bemerkung, dass es zuerst weiße Kreide, dann rote Kreide und dann blauen Ton gab; Es ist also offensichtlich, dass dort derselbe Zustand vorherrscht wie in Speeton . und die gleiche Beobachtung gilt für das Aussehen der Exemplare selbst.

Aber wenn wir entlang der westlichen Basis der Lincolnshire Wolds oder Chalk Downs (die Londoner würden sie so nennen) reisen, finden wir zwar die rote Kreide unter der weißen, aber der blaue Ton unter der roten Kreide fehlt; Sein Platz wird durch eine dicke Reihe braun gefärbter Sande mit eingeschlossenen Schichten aus sandigem Kalkstein gefüllt, die voller Fossilien wie der Kentish Rag sind, nur dass sie keine Echini und Belemniten enthalten. Diese Beete wurden dem unteren Grünsand zugeordnet.

In Bezug auf Lincolnshire können nur wenige Bemerkungen gemacht werden. Meine Absicht war es, den Fuß der Kreidehügel zu besuchen und neue Fakten zusammenzutragen; Mir ist es nicht gelungen, dies zu tun; Es ist mir auch nicht gelungen, Autoren zu finden, die viel über diese Grafschaft geschrieben haben. Über diesem Land liegt eine große geologische Dunkelheit, und es bleibt noch viel zu tun, um seine Fossilienvorkommen zu erschließen. Über Louth kann ich jedoch zuversichtlich sprechen .

Da die Stadt auf der Karte rechts von der dunklen Linie liegt, die die Position der Roten Kreide markiert, könnte man meinen, dass Louth nichts mit Letzterer zu tun haben könnte. Aber ein Freund, der mir vor Ort einige Fragen gestellt hat, hat mir zwei Exemplare geschickt und sagt, er habe gesehen, wie sie aus einer Kreidegrube in dieser Stadt entnommen wurden. Sie verliefen in Adern, schrieb er, die hellere Farbe über der dunkleren, und sie seien nicht weit unter der Oberfläche gegraben worden. Das leuchtend rote Stück befand sich direkt über der Stelle, an der die Quellen entspringen – Tatsachen, die mit Beweisen an anderen Orten übereinstimmen.

Da die Neigung der Schichtebene gering ist und nach Südwesten ansteigt (die Richtung der Schichten ist Nordwesten), ist es leicht zu verstehen, dass die Rote Kreide unter Louth vorhanden sein könnte, aber dennoch nicht in Erscheinung tritt Gelände bis in einiger Entfernung westlich der Stadt.

In Brickhill, in der Nähe von Harrington, wurde die Naht ebenfalls gefunden; Ein Exemplar davon ist im Museum der Geological Society of London zu sehen. Letzteres und die aus Louth unterscheiden sich in Aussehen und Charakter kaum von dem, was man in den Speeton- Betten erhalten kann .

Über Lincolnshire habe ich nichts weiter zu sagen, außer dass, gemäß der Autorität geologischer Karten, die rote Kreide dieser Grafschaft unter den Sumpfgebieten versinkt und verschwindet, ein paar Meilen bevor sie das Meer erreicht.

Und jetzt ist es Zeit, den Wash, diese große Meeresbucht, zu überqueren und in Hunstanton zu landen, einem kleinen Dorf an der Nordwestküste von Norfolk. Da ich mich an eine Gruppe berufstätiger Geologen wende, sollte ich vielleicht sagen, wie man den Ort in der Praxis erreichen kann, denn es ist nicht ganz so einfach, einen Ort in der Realität zu erreichen, als ihn auf einer Karte zu sehen.

möglichst schnell nach Hunstanton zu gelangen , muss man zuerst Lynn erreichen; Von dort aus wird ein Omnibus nachmittags um drei oder vier Uhr vom Bahnhof Lynn aus Passagiere ins Dorf befördern.

In Hunstanton gibt es zwei Hotels und mehrere Herbergen. Ich würde das Le Strange Arms empfehlen, da es ein altmodisches, komfortables Gasthaus ist und näher als das andere an dem Abschnitt liegt, den wir suchen. Vielleicht könnte man denken: Warum sollte man sich so sehr mit Hunstanton – seinem Hotel – und seinem Omnibus beschäftigen? Ich tue dies, weil es in diesem Dorf einen äußerst hervorragenden natürlichen Abschnitt der Red Chalk gibt, fast besser als in Speeton und sicherlich in vielerlei Hinsicht anders.

Wir gehen davon aus, dass wir in Hunstanton angekommen sind und vor dem Le Strange Arms zum Ufer gehen. In wenigen Minuten erreichen wir die wunderschöne Klippe. Ich sage wunderbar, nicht wegen seiner Höhe oder Länge; denn in seiner größten Höhe, unter dem Leuchtturm, beträgt er nicht mehr als sechzig Fuß; und es erstreckt sich über eine Länge von kaum mehr als einer Meile; aber wunderbar wegen seiner merkwürdigen Farbe und allgemeinen Wirkung.

Linie . 2. – Hunstanton Cliff (Blick nach Norden)

Der Holzschnitt, kopiert nach einer Aquarellzeichnung , die ein Freund letzten Herbst angefertigt hat, wird einen Eindruck von seinem Aussehen vermitteln; Aber das Fehlen von Farbe beeinträchtigt natürlich die Schönheit der Szene.

Die Klippe selbst kann in fünf Abschnitte unterteilt werden: erstens weiße Kreide, vierzig Fuß dick; zweitens helle rote Kreide, vier Fuß; drittens eine gelbe Sandmasse von zehn Fuß; viertens eine dunkelbraune Kieselschicht, vierzig Fuß lang; und in letzter Zeit sind zwanzig Fuß Bett fast schwarz.

Diese Unterteilungen gehen nicht ineinander über, wie es in den meisten geologischen Schichten der Fall ist, sondern bleiben deutlich voneinander getrennt. Dadurch ist die rote Kreide so deutlich von der weißen getrennt, als ob diese von einem breiten Farbband bedeckt wäre. Die gleiche Beobachtung gilt auch für die anderen.

Es ist leicht zu verstehen, dass, wenn die Sonne auf die Klippe scheint und das helle Weiß, das helle Rot, das blasse Gelb und das dunkle Braun und Schwarz erleuchtet und einen Schatten auf die Masse der bunt gefärbten Materialien an der Basis wirft , wird ein Bild geschaffen, dessen Schönheit nicht leicht zu übertreffen ist und schon gar nicht in vollem Umfang gewürdigt werden kann, wenn man es nicht tatsächlich sieht.

Das Bett aus weißer Kreide über dem Roten ist in Hunstanton sehr fossilreich; obwohl er, wie der von Yorkshire, aufgrund seiner extremen Härte für den Geologen etwas unbrauchbar ist. Unter anderen Muscheln können verschiedene Arten von Serpulen , Belemniten und Ammoniten erwähnt werden. Letztere sind gelegentlich sehr groß: Als ich im Herbst in Hunstanton war, fand ich ein Exemplar mit einem Durchmesser von zwei Fuß; Mit großer Mühe löste ich es aus seiner Matrix und brach es während der Operation in zwei Hälften. Und schließlich musste ich mit meiner Demütigung feststellen, dass sein Gewicht so groß war, dass ich es nicht wegtragen konnte.

Die rote Kreide darunter, die fast einen Meter dick ist, ist voller Fossilien: Belemniten, Serpulen , Terebratulae , Korallen und viele andere, ganz zu schweigen von Knochen. Die Anzahl der Exemplare auf dem Tisch zeugt von seinem Reichtum an organischen Überresten.

Manchmal ist es weich und bröckelig; aber im Allgemeinen ist es sehr hart, kiesig, von leuchtend roter Farbe und voller kleiner, dunkel gefärbter Kieselsteinchen; in dieser Hinsicht unterscheidet es sich erheblich von der roten Kreide von Speeton – in der ich keine Kieselsteine gesehen habe. Professor Tennant, der die Hunstanton-Kieselsteine untersucht hat, teilt mir mit, dass sie aus *Chalcedon* , *Quarz* , *Feuerstein* , *Schiefer* und *braunem Eisenspat* oder *Karbonat* bestehen .

Es enthält auch eine große Menge an Inocerami -Fragmenten und eine merkwürdige, sich verzweigende, schwammartige Struktur (eine liegt auf dem Tisch), die auch in der Weißen Kreide oben vorkommt.

Etwas, das dem verzweigten Schwamm sehr ähnlich ist, ist auf der Oberfläche von Blöcken am Meeresufer auf der Rückseite der Isle of Wight in der Grünsandformation zu sehen, und etwas Ähnliches ist auf dem kalkhaltigen Sand der Küste von Yorkshire sehr ähnlich. Diese werden Sie zuletzt nördlich von Filey beobachten, aber in der White Chalk bei Speeton gibt es nichts Ähnliches .

Unter der roten Kreide von Hunstanton befindet sich ein gelber und brauner kiesiger Sandstein, der früher keine organischen Überreste enthalten sollte. Herr CB Rose aus Yarmouth hat jedoch viele erhalten.

Dieses Bett wird dort „ Carstone " genannt und häufig als Baumaterial verwendet. Die Cottages in diesem Viertel und an der Straße von Lynn wirken aus der Ferne, als wären sie aus Massen von Lebkuchen gebaut worden, so groß ist die Ähnlichkeit in Farbe und Aussehen.

Die Länge der Red Chalk beträgt von Ende zu Ende an der Hunstanton-Klippe etwa 1.000 Yards, und ihre größte Höhe an der Stelle, an der sie die Spitze erreicht und die Klippe verlässt, beträgt siebenunddreißig Fuß; daher erfolgt sein Anstieg sehr allmählich, da sein erstes Erscheinen fast auf der Höhe des Strandes liegt.

In Hunstanton gibt es noch zwei weitere Dinge, die es wert sind, beobachtet zu werden. Einer davon ist der Leuchtturm, der auf dem dioptrischen Prinzip basiert, wobei das Licht mithilfe von Glasprismen anstelle der gewöhnlichen Metallreflektoren auf das Meer übertragen wird; und das andere ist ein Überbleibsel eines erhöhten Meeresstrandes auf den Klippen, der aus abgerundeten Fragmenten weißer und roter Kreide besteht, die unmittelbar auf dem grünen Sand ruhen. Es liegt südlich der Stelle, an der die Rote Kreide austritt.

Wir werden jetzt, bitte, Hunstanton verlassen und in Richtung Lynn weiterfahren, wobei wir uns in der Nähe der Kutschenstraße halten.

Wenn wir in der Nähe von Lynn den Boden aufgraben könnten, würden wir immer noch unseren alten Begleiter zu unseren Füßen sehen, denn die Rote Kreide wurde in den Dörfern Ingoldsthorpe und Dersingham erkannt .

Wir werden es bald nicht mehr treffen. Bei Leziate , etwas nordöstlich von Lynn, stirbt es aus. Herr CB Rose, der immer davon ausgegangen ist, dass sich die Rote Kreide als das Äquivalent des Gault erweisen würde, und der anhand der Beweise von Fossilien und der Richtung der Aufschlüsse argumentierte, dass das wahre Gault und die Rote Kreide letztendlich zusammentreffen müssen, – Mr ...Rose, sage ich, hat mir mitgeteilt, dass er die gemeinsame Vereinigung von Red Chalk und Gault in Leziate beobachtet hat . Von nun an ist im Süden die Rote Kreide nicht mehr zu sehen.

Damit sind wir am Ende unserer Reise angelangt. Wir haben den Anfang und das Ende der Roten Kreide notiert und auch einige Rücksicht auf ihre Nachbarn genommen . Wir haben auch festgestellt, dass es in Yorkshire zum größten Teil auf dem Speeton- Ton ruht, obwohl es an bestimmten Orten neben dem Lias- und Kimmeridge-Ton liegt, und dass es in Lincolnshire und Norfolk auf einer dunkelbraunen Kieselmasse ruht, die dazu gehören soll zur unteren Grünsandformation im Süden Englands.

Die Rote Kreide wurde auch an einem sehr unerwarteten Ort entdeckt, allerdings nicht *vor Ort*. Ich spiele auf die Drift von Muswell Hill an. In dieser Sammlung verschiedener Materialien, darunter Beispiele aus allen Formationen vom Londoner Ton bis zum Gebirgskalkstein in einer Schicht von achtzehn Fuß, wurde die Rote Kreide in bröckligem Zustand gesehen.

Durch die Freundlichkeit von Herrn Wetherell aus Highgate ist es mir möglich, Exemplare aus der Strömung von Muswell Hill auszustellen. Jeder, der sie mit anderen aus Hunstanton vergleicht, würde sagen, dass sie aus demselben Bett stammen, so ähnlich sind sie sich im Aussehen.

Zweifellos gab es eine Zeit, in der diese Rötelkreide ein größeres Verbreitungsgebiet hatte: Ihre Anwesenheit in der Drift von Muswell Hill sowie in der Drift anderer Orte deutet darauf hin. Vielleicht existiert es noch anderswo, tief unten in der Erde.

Stowmarket gebohrten Brunnen wurde unter der weißen Kreide in einer Tiefe von 900 Fuß eine rote Substanz gefunden; und in einem weiteren Brunnen, der in Kentish Town gebohrt wurde, trafen die Arbeiter in einer Tiefe von 1.113 Fuß unter der Oberfläche, unter dem Gault, auf ein Bett aus roter Materie mit einer Dicke von 188 Fuß – ein Teil dieser roten Substanz schien Belemniten zu enthalten.

Die Meinungen der Geologen über dieses tief versunkene rote Bett, das sicherlich nicht immer durchgehend ist (z. B. wurde es nicht bei einer Bohrung in Harwich gefunden), sind geteilter Meinung, und einige neigen zu der Meinung, dass es zum New Red gehört. andere meinen, es sei das Äquivalent dessen, was man Rote Kreide nennt. Aber es ist derzeit schwierig, eine Lösung zu finden. Es ist sicher, dass in der Gault-Formation oder in ihrer Nähe gelegentlich Schichten von roter Farbe gefunden werden. In der Nähe von Dorking ist der untere Grünsand von einem lokalen Bett aus leuchtend rotem Ton bedeckt, das acht Fuß dick ist. Und Beispiele roter Tone aus dem Gault von Ringmer in Sussex und Charing in Kent sind im

Museum der Geological Society of London zu sehen. Ob sie irgendeine Beziehung zur eigentlichen Red Chalk Englands haben, hängt von der Stellung ab, die dieser Formation eingeräumt wird.

Geologen betrachten die Rote Kreide im Allgemeinen als dem Gault gleichwertig. Viele der Fossilien sind sicherlich Gault-Arten; andere gehören zweifellos zur Unterkreide; und deshalb ist es wahrscheinlich besser, es als eine Zwischenformation zwischen dem Lower Chalk und dem Lower Greensand zu betrachten, die entsteht, wenn der Gault und der Upper Greensand fast ausgedünnt sind.

Eines der Mitglieder unseres Ausschusses, Herr Rickard, war so freundlich, mir eine Analyse der Roten Kreide von Speeton und Hunstanton zu geben. Der Speeton ist wie folgt:

Kalkkarbonat mit etwas Aluminiumoxid	81.2
Eisenperoxid	4.3
Silizium	14.5
	100.

Von Hunstanton—

Kalkkarbonat mit etwas Aluminiumoxid	82,3
Eisenperoxid	6.4
Silizium	11.3
	100.

Letzteres stimmt bemerkenswert gut mit der Farbe des Exemplars überein, denn die rote Kreide von Hunstanton ist heller als die von Speeton .

Zwei Exemplare der Bohrungen von Kentish Town, eines aus rotem Ton und das andere aus einer silikatischen Masse, ergaben folgende Ergebnisse:

Tonig—

Eisenperoxid	6.5
Kalkkarbonat	13.5
Siliciumdioxid und Aluminiumoxid (hauptsächlich Letzteres)	80,0

Kieselsäurehaltig—

Eisenperoxid	2.5
Kalkkarbonat	23.5
Siliciumdioxid mit etwas Aluminiumoxid	74,0
	100.

Ob ein Zusammenhang zwischen den letzten beiden und den beiden ersteren festgestellt werden kann , überlasse ich anderen.

Die folgende Liste von Büchern könnte vielleicht für diejenigen nützlich sein, die das Thema weiter untersuchen möchten : – In

- Professor Phillips' Geology of Yorkshire,

- Young and Bird's Survey der Küste von Yorkshire,

- Dr. Fittons Memoiren über die Schichten unterhalb der Kreide,

- Taylor's Hunstanton Cliff (Phil. Mag. Bd. lxi.),

- Woodwards Geologie von Norfolk,

- Rose über die Geologie von West Norfolk (Phil. Mag. für die Jahre 1835 und 1836),

wird ein Bericht über die englische Rote Kreide gefunden. Und in

- Sedgwick und Murchison über die Struktur der Ostalpen (Geol. Soc. Trans. Bd. III. Zweite Reihe),

- Herr. RI Murchison über die geologische Struktur der Alpen (Quart. Geol. Journal, Bd. v.),

- Lehrer. TA Catullo über die epiolitischen Gesteine der venezianischen Alpen (Quart. Geol. Journal, Bd. vii),

- Graf A. de Zigno über die Schichtformationen der venezianischen Alpen (Quart. Journal Geol. Soc. vol. vi.),

Man sieht einen Umriss der Scaglia oder Roten Kreide Italiens.

Dank der Freundlichkeit von Dr. Bowerbank , den Herren. Wetherell, Bean, Leckenby und Rose, die mir erlaubt haben, die Exemplare in ihren jeweiligen Schränken zu sehen, und denen ich sowie Mr. Rupert Jones große

Verpflichtung für viele wertvolle Informationen aussprechen muss, die beiliegende Liste der Roten Kreidefossilien von Speeton , Hunstanton und Muswell Hill wurden zusammengestellt. Dem Rat der Geological Society bin ich auch für die Erlaubnis zu Dank verpflichtet, den Inoceramus aus dem Museum der Gesellschaft abzubilden Crispii , wir pl. ich . Feige. 4.

LISTE DER FOSSILIEN AUS DER ROTEN KREIDE.

	Speeton	Hunstanton	Muswell Hill
Cristellaria rotulata , D'Orb . Pl. II. Feige. 8 Sowerby's Min. Conchologie, Tab. 121, Seite 45. (In der Sammlung von Mr. Jones.)	×		
Siphonia pyriformis. Pl. II. Feige. 2 Goldfuß Petrifacta , tab. 6, Abb. 7, Seite 16. (In der Sammlung von Mr. Rose.) Dies ist wahrscheinlich der Kopf des nächsten.		×	
Spongia paradoxica. Pl. II. Feige. 1 Geol. Trans. 2, Tab. 27, Abb. 1, Seite 377. (In den Sammlungen von Mr. Rose und Autor.)		×	
Bourgueticrinus Rugosus . Pl. III. Feige. 5 D'Orbignys Hist. Crinoides , tab . 17, Abb. 16-19. (In den Sammlungen von Mr. Rose und Autor.)		×	

Pentacrinites Fittonii Austin's Crinoids, Seite 125. (In den Sammlungen von Mr. Rose, Autor, und Mr. Wetherell.)	×		×
Cardiaster suborbicularis , Forbes. <u>Pl. II.</u> Feige. 3 Gold. Tab. 45, Abb. 5, Seite 148. (In den Sammlungen von Mr. Rose und Autor.)Mr. Roses Exemplar ist weitaus besser als das abgebildete.		×	
Cidaris Gaultina (?), Forbes, Dez. c. <u>Pl. III.</u> Feige. 7 (In der Sammlung von Mr. Rose.)		×	
Stacheln mit 8 Graten, 10 Graten und 20 Graten (In den Sammlungen von Mr. Rose und Mr. Wetherell.)		×	×
Diadem tumidum , Forbes, Dec. v. <u>Pl. III.</u> Feige. 6 (In der Sammlung von Mr. Rose.)		×	
Serpula Antiquata . <u>Pl. III.</u> Feige. 4 Sau. Mindest. Con. Tab. 598, Abb. 4, Seite		×	

202. (In der Sammlung
von Mr. Rose.)

Serpula unregelmäßigis
. Pl. III. Feige. 3   ×
(In der Sammlung des
Autors.)

Serpula Triserrata .   ×
Siehe Hinweis, Seite 18
(In der Sammlung von
Mr. Rose.)

Vermicularia   ×
Umbonata . Pl. III.
Feige. 2
Mantells Geol. von
Sussex, tab. 18, Abb.
24, Seite 111.
(In den Sammlungen
von Mr. Rose und
Autor.)

Vermicularia elongata ,   ×
Bean MS. Pl. III. Feige.
1, 1 ᵃ
(In den Sammlungen
von Mr. Bean, Dr.
Bowerbank und
Autor.)

Cytherella ovata,   ×
Römer . Pl. II. Feige. 7
Jones, Entomostraca
aus der Kreidezeit.
Kumpel. Soc. Seite 29.
(In der Sammlung von
Mr. Jones.)

Idmonea dilatata   ×
D'Orbigny's

Cretaceous Terrains ,
tab. 632.
(In der Sammlung von
Mr. Bean.)

Diastopora ramosa ,
Dixon
Geol. Süß. Seite 295.
(In der Sammlung von
Mr. Bean.)
×

Ceriopora Goldfuß-
Spongite
, Seite 25, Tab. 10,
Abb. 14.
(In der Sammlung des
Autors.)
×

Terebratula capillata .
Pl. IV. Feige. 4, 4 ª ,
mag. Oberfläche
Davidson's Cretaceous
Brachiopoda, Tafel 5,
Abb. 12, Seite 46. (In
den Sammlungen von
Mr. Rose und Autor.)
×

Terebratula biplicata .
Pl. IV. Feige. 1, 1 ª ,
mag. Oberfläche
David. Tafel 6, Abb.
34. (In den
Sammlungen von Dr.
Bowerbank , Mr. Rose
und Autor.)
×

Terebratula
Dutempleana
David. 6, Abb. 1. (In
der Sammlung von Mr.
Rose.)
×

Terebratula semiglobosa . Pl. IV. Feige. 2, 2 ᵃ, mag. Oberfläche David. Tafel 8, Abb. 17. (In den Sammlungen von Dr. Bowerbank , Mr. Bean und Autor.)	×	×
Kingena Lima. Pl. IV. Feige. 3, 3 ᵃ, mag. Oberfläche David. Tafel 5, Abb. 3, Seite 42. (In den Sammlungen von Mr. Rose und Autor.)		×
Avicula , Abguss von. (In der Sammlung von Mr. Bean.)	×	
Exogyra haliotoidea . Pl. II. Feige. 10 Sau. MC-Registerkarte. 25, Seite 67. (In den Sammlungen von Mr. Rose und Autor.)		×
Inoceramus Coquandianus . Pl. I. Abb. 1 Von Orb . Ter. Kreta . Tab. 403, Abb. 6-8. (In der Sammlung des Autors.)	×	
I. Crispii . Pl. I. Abb. 4 Mant . GS-Registerkarte. 27, Abb. 11, Seite 133. (In den Sammlungen		×

von Mr. Rose und
Geol. Soc.)

I. tenuis. <u>Pl. I.</u> Abb. 5
Mant . GS Seite 132.
(In den Sammlungen
von Mr. Rose und Mr.
Wetherell.)   ×   ?

I. gryphaeoides
Sau. MC-Registerkarte.
584, Abb. 1, Seite 161.
(In der Sammlung von
Mr. Rose.)   ×

I. læviusculus , Bean   ×
(In der Sammlung von
Mr. Bean.)

I. sulcatus   ×
Sau. MC-Registerkarte.
306, Seite 184. (In der
Sammlung von Mr.
Rose.)

Ostrea frons. Park. <u>Pl.</u>   ×
<u>II.</u> Feige. 4
Sau. MC-Registerkarte.
365, Seite 89. (In der
Sammlung von Mr.
Wetherell.)

O. vesicularis , Lam. <u>Pl.</u>   ×
<u>II.</u> Feige. 5
Sau. MC-Registerkarte.
392, Seite 127. (In der
Sammlung des Autors.)

O. Normaniana   ×
D'Orb . Tab. 488, Abb.
1-3, Seite 746.

(In der Sammlung von
Mr. Rose.)

Pecten Beaveri   ×
Sau. MC-Registerkarte.
158, Seite 131. (In der
Sammlung von Mr.
Rose.)

Spondylus latus   ×   ×
Sau. MC-Registerkarte.
80, Abb. 2, Seite 184.
(In der Sammlung von
Mr. Rose und Autor.)

Ammoniten alternatus   ×
?
Woodward, Geol.
Norfolk, tab. 6, Abb.
23.

Ammoniten   ×
complanatus
Sau. MC-Registerkarte.
567, Abb. 1. (In der
Sammlung von Mr.
Rose.)

A. rostratus   ×
Sau. MC-Registerkarte.
173, Seite 163. (In der
Sammlung von Mr.
Rose.)

A. serratus, Parkinson   ×
-Sau. MC-Registerkarte.
308, Seite 3. (In der
Sammlung von Mr.
Rose.)

Belemnites attenuatus . Pl. IV. Feige. 5 Sau. MC-Registerkarte. 598, Abb. 2, Seite 176. (In der Sammlung des Autors.)		×	
B. minimus . Pl. IV. Feige. 8 Sau. MC-Registerkarte. 598, Abb. 1, Seite 175. (In den Sammlungen der Herren Bowerbank , Bean, Rose, Wetherell und Autor.)	×	×	×
Belemnites Listeri . Pl. IV. Feige. 6 Phil. Geol. York. Tab. 1, Abb. 18. (In der Sammlung des Autors.)	×		
B. ultimus , D'Orb . Pl. IV. Feige. 7 Sharpe, Chalk Moll. Tab. 1, Abb. 17. (In den Sammlungen von Mr. Bean und Autor.)	×		
Nautilus simplex. Pl. I. Abb. 3 Sau. MC-Registerkarte. 122, Seite 122. (In den Sammlungen von Mr. Rose, Mr. Wetherell und dem Autor.)		×	×
Otodus appendiculatus Ag. vol. iii., Seite 270, Tab. 32. (In der Sammlung von Mr. Wetherell.)			×

Zahn des Sauriers   ×
(In der Sammlung von
Mr. Bean.)

Wirbel von   ×
Polyptychodon (?)
(In der Sammlung des
Autors.)

Siphonia pyriformis ist wahrscheinlich der Kopf von Spongia paradoxica. Im Schrank von Mr. Rose befindet sich eine Masse davon, an der ein Kopf befestigt ist, der dem abgebildeten ähnelt.

Bourgueticrinus Rugosus . Der Durchmesser der abgebildeten Probe beträgt 3/4 Zoll, die Tiefe jeder Platte 3/16. Die Befestigungsoberfläche ist mit sehr feinen Mamillen in Strahlen von sieben an der Zahl bedeckt; Ein kleineres Exemplar im Besitz des Autors hat einen Durchmesser von 3/8 Zoll und eine Tiefe von 1/8 Zoll.

Die in Tafel III dargestellte Serpula . Feige. 3 unterscheidet sich in seinem unregelmäßigen Wachstum von den auf derselben Tafel abgebildeten Exemplaren. Dieser Charakter kann vielleicht selten als spezifischer Unterschied angesehen werden; Sowohl V. elongata als auch die betrachtete Serpula haben die gleiche Dicke der Kalkröhre. Ersteres kommt nur in Speeton und letzteres in Hunstanton vor; Um die beiden zu unterscheiden, kann auf letztere als Sorte der Titel „ regularis “ angewendet werden.

Serpula triserrata , eine Art, die auf einem Exemplar von Ammonites complanatus gefunden wurde , ist an ihren drei gezackten Längsrippen zu erkennen. Eine ähnliche Form kommt auf Ostreæ aus dem Kimmeridge-Ton von West Norfolk vor.

Terebratula semiglobosa ist in Speeton häufig , in Hunstanton jedoch sehr selten. T. biplicata kommt in Hunstanton sehr häufig vor, ist in Speeton jedoch nicht bekannt .

Inoceramus læviusculus , Bohne, eine große glatte Art, etwa wie I. Cuvieri.

Der Ammonites alternatus von Woodward ist jetzt verloren; es handelte sich wahrscheinlich um eine Varietät von A. serratus, Park.

Belemnites minimus wird im Hunstanton Cliff manchmal fünf Zentimeter lang.

Der Wirbel von Polyptychodon hätte, wenn er perfekt wäre, einen Durchmesser von etwa sechs Zoll und eine Dicke von drei Zoll.

Das kleine Exemplar auf Tafel II. Feige. 9 gehört offensichtlich zur turbinolischen Korallenfamilie und möglicherweise zur von den Herren gegründeten Gattung Trochocyathus . Milne-Edwards und J. Haime , im Jahr 1848. Die bisher erhaltenen Exemplare sind weder zahlreich genug noch perfekt für einen strengen Vergleich mit anderen Formen oder um eine ausreichend detaillierte Beschreibung zu ermöglichen, falls sich die Art als neu erweisen sollte. Die eingeschnürte Wuchsform ist in den Parasmilia der Oberkreide sehr häufig und hat keinen besonderen Wert.

Die charakteristischen Fossilien der Roten Kreide in Speeton sind Terebratula semiglobosa , Belemnites minimus und Vermicularia Elongata ; und in Hunstanton Terebratula biplicata , Belemnites minimus und Spongia paradoxica.

Abschließend möchte ich sagen, dass ich mich die ganze Zeit bemüht habe, mich auf Fakten zu beschränken und auf Theorien zu verzichten, weil ich der Meinung bin, dass die Geologenvereinigung lieber in die Fußstapfen gelehrter Männer treten sollte, als die Führung übernehmen zu wollen . Ich bin mir sicher, dass wir dadurch Respekt gewinnen werden. Wenn die rein wissenschaftlichen Mitarbeiter sehen, dass wir Informationen erlangen wollen, anstatt uns einen leeren Namen zu erkaufen, werden sie uns die rechte Hand der Gemeinschaft entgegenstrecken und uns mächtig helfen; Wenn sie hingegen merken, dass wir zu viel streben und versuchen, das zu begreifen, was wir nicht halten können, werden wir zweifellos den wohlverdienten Spott erleiden. Die Geologenvereinigung wurde nur gegründet, um Amateure zusammenzubringen, ihnen einen Treffpunkt und einen Raum zu bieten, in dem sie über verwandte Themen sprechen konnten. Ich vertraue darauf, dass die Mitglieder immer die Gelegenheit nutzen und sich nicht scheuen werden, sich zu äußern, wobei sie sich immer daran erinnern werden, dass jeder ein paar kleine Kenntnisse hat, die sein

Nachbar nicht hat, und dass, wenn jeder seinem Mitmenschen hilft, am Ende viel gewonnen werden muss.

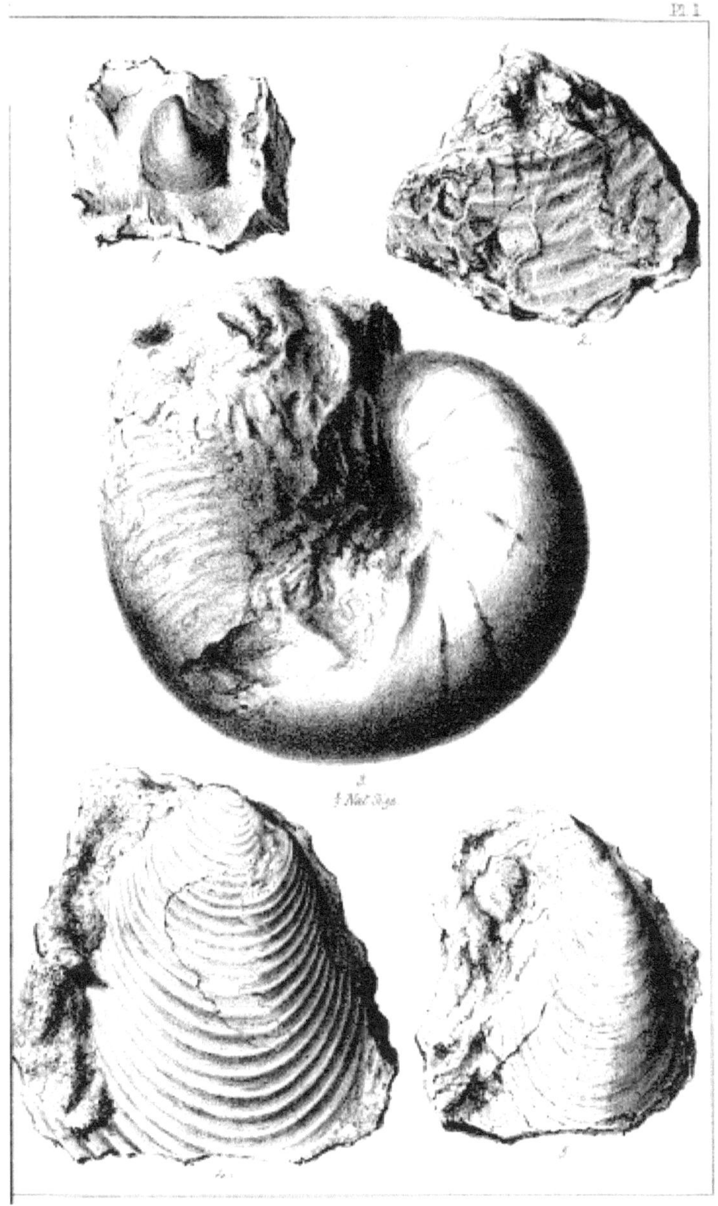

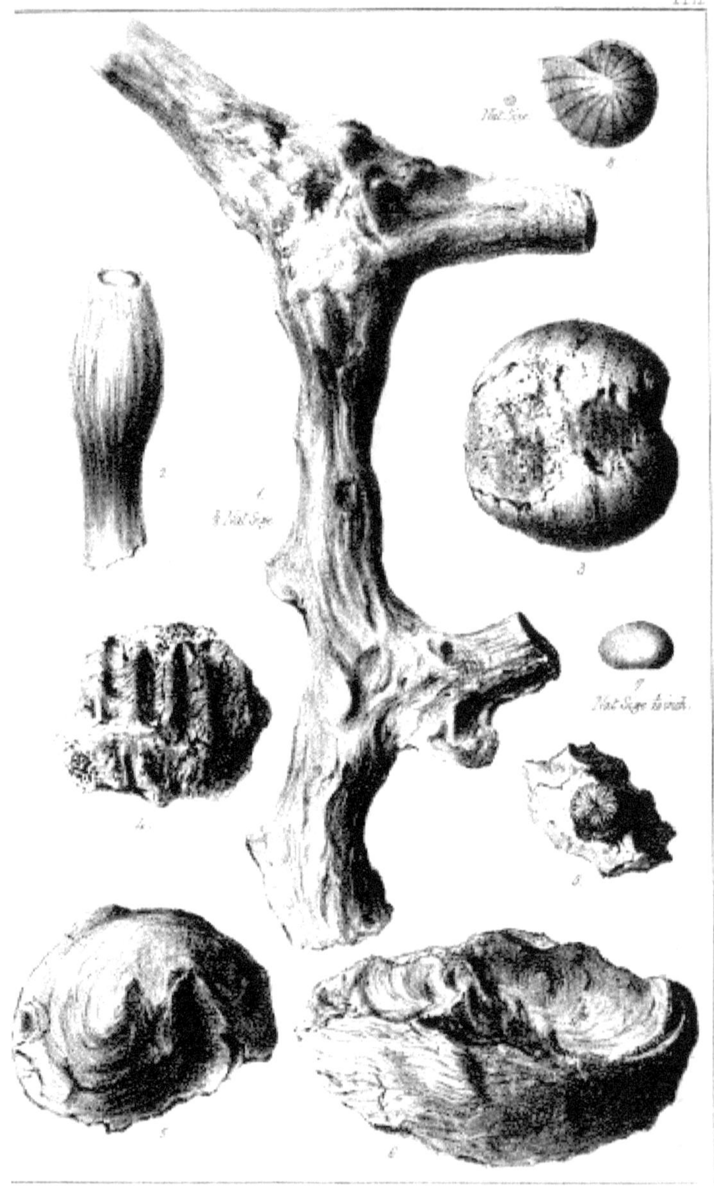

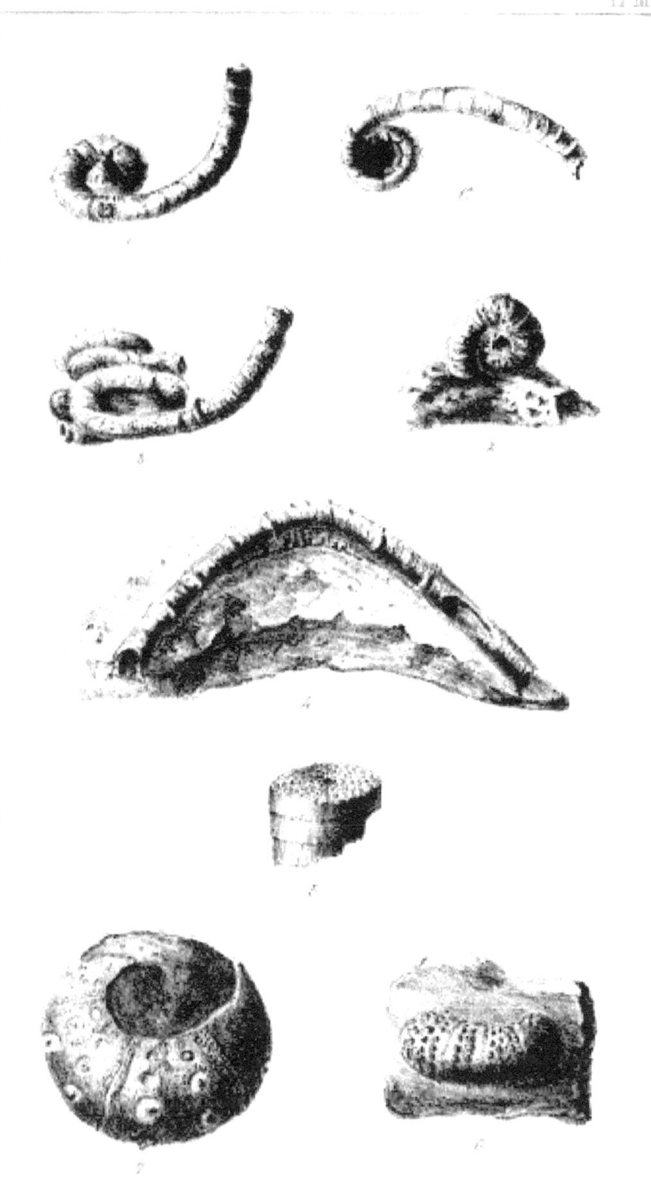

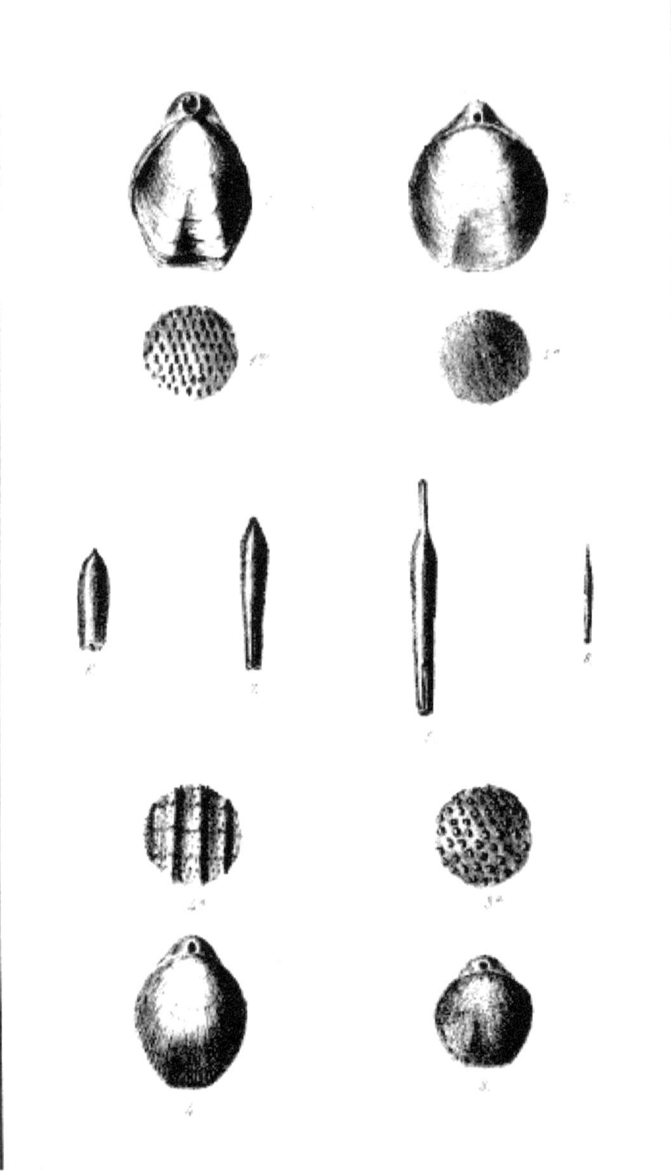